AF245298

DECLARATION

DE LA DAMOISELLE

D'ESCOMAN, SVR LES

intentions & actions du cruel parricide commis en la perſonne du Roy, de la Royne, de Monſeigneur le Dauphin, où elle fut concluë, en quel lieu, par qui, comme Rauaillac luy fut enuoyé, comme elle à deſcouuert tous ſes deſſeins tant executez que pretendus, comme elle s'y eſt comportee, les diligences qu'elle a faictes pour en aduertir les Majeſtez, à qui elle s'eſt addreſſee; pour en faire aduertir le Roy, & pour faire prendre lettres qui alloient Eſpagne, ceux à qui elle s'eſt addreſſee pour empeſcher ceſt inhumain coup, la réſponſe qu'on luy faiſoit; combien il y a que ce pernicieux deſſein ſe machinoit, combien elle a nourry ce parricide ſans pouuoir le deſcouurir, réſponſe que le traiſtre Rauaillac luy fit lors qu'elle luy demanda pourquoy vne Dame faiſoit tant de conte de luy, en quel temps il

A

luy declara son mal heureux dessein, par qui il luy fut enuoyé, & de quel lieu, comme il vint à elle auec pleurs la supplier ne le vouloir descouurir & qu'il se repentoit, qu'il n'y songeroit iamais, comme elle estant au desespoir s'en alla aux Iesuites demander le pere Coton, comme elle s'addressa au pere Procureur des Iesuites, la response qui luy fut faicte, les conjurations qu'elle luy fit pour en aduertir le Pere Coton, à fin d'en aduertir les Majestez, la response qui luy fut faicte, & comme elle fust bien tost apres emprisonnee, comme estant en prison elle le declara à vn Appotiquaire de la Royne & à plusieurs.

POur faire voir aux vrays François la saincteté de mon intention, la pureté de mes desseins, voüez au treshumble seruice du Roy & de la Royne & Monseigneur le Dauphin à present Roy de France & de Nauarre que Dieu nous vueille garder, & ayãt

esté plustost poussee & forcee par la
diuine puissance de Dieu , non pour
aucun desir de proffit ou ambition,
sussitation d'aucune personne parti-
culiere ny generale , mais au contraire i'en ay foulé aux pieds les faueurs
aduantageuses, milles offres, grandes
promesses , mesmes ay hay ma pro-
pre vie pour apporter de l'vtilité en
la France & de la fermeté en l'Estat,
protestant par le Dieu viuant, regnât
& tout puissant au ciel & en terre que
moy pauure miserable pecheresse ie
suis indigne de nommer, ie n'ay dit
& deposé à Iustice autre chose que
pure verité, & que seulement ay cognoissance parfaicte des choses que
i'ay deposees sont vrayes & verita-
bles, dont i'appelle Dieu à tesmoing
pour auoir esté veuës de mes yeux,
ouyes de mes oreilles , touchees de
mes mains , dont par le vif ressenti-

ment de mon ame i'ay esté touchee
& contraincte par la playe de ce bon
Roy ou estant lors accompagnee
d'vne tremblante crainte du peril
éminent aux personnes sacrees du
Roy, de la Royne, de Monseigneur
le Dauphin, fit que sans considera-
tion du peril que ie sçauois m'estre
certain, des trauaux & peines qui me
seroient preparees, des combats qu'il
me faudroit souffrir & sans respect de
parens & amitiez particulieres : Ie me
resolus sur les attentats pretendus d'a-
bondant ay aduertir la Iustice en l'annee mil six cens onze au mois de Ian-
uier, me ietter au precepice ou ie suis
maintenant ayant sçeu toutes les cõs-
pirations que l'on auoit resoluës és
personnes Royalles de leurs Majestez, ce que ie sçauois dés le voyage
de Sedan, ce qui auoit esté arresté d'en
faire l'execution, & pour faire paroi-

stre la verité comme i'en ay eu la cognoissance parfaicte, ç'a esté par la fa-
miliarité que i'ay euë auec la Marquise de Verneul, par le moyen de la Dame de Chantemelle sa sœur estant du
pays de mon mary, qui estoit la cause qu'elle me preferoit à toutes autres
pour le recit qu'on leur auoit fait de
moy, qui me rendit si familiere auec
elles, voire & de leurs plus cheres affections : Estant donc auec ladicte
Dame Marquise au retour du voyage de Sedan, laquelle pour lors n'a-
uoit gueres de personne à qui se fier
sortant tout fraischemét de prison,
elle estoit en tel ombrage qne tout
luy faisoit horreur, tellement que
i'eusse bien voulu me retirer aux
champs encore que ie fusse venue à
Paris pour mes affaires particulieres,
aussi que i'auois esté priee par Mada-
me Dantragnes d'accompagner la-

dite Marquife, ce que i'auois repugné
quelque temps, pour raifon qui ne fe
peuuent efcrire, en fin ie m'y accor-
day ou ie pris alors toute la condui-
te de leurs affaires, voire les plus particulieres non que ie veuille accufer ladite Dame Dantragues eftre atteinte
de la contagion dont les autres font
bleffees, mais feulement pour mon-
ftrer les affaires que i'ay euë auec eux
qui m'a fait paruenir à la vraye & parfaicte cognoiffance de leurs pernicieux deffeins, non par vne imagina-
tion ou artifice d'aucune perfonne.
Ayant donc demeuré quelque téps
ie me retire à vne maifon rue de la ta-
bletterie ou eftant la Dame de Chantemelle qui me prie, me coniure d'aller demeurer à fon logis, ie demeure
quelque huict mois pendant lequel
temps i'apprens toutes fortes de nouuelles allant toufiours auec ladicte

Marquise, ie parlois peu pour le defir
que i'auois d'auoir la cognoiffance de
leurs deffeins, pendant ce fit quelque
entreueuë du Roy & de la Marquife
ou i'eftois toufiours appellee, & plu-
fieurs autres affemblees & entreueues
fecrettes de quelques perfonnes de
qualité vrais François en apparence,
mais d'auis tous contraires: ce voyant
fait que par raifon ie ne deuois perdre
la faueur laquelle Dieu me preftoit, à
fin de l'employer au feruice du Roy,
obligeaffe la France par ma fidelité,
& que i'y veillaffe en telle forte qu'ils
fuffent empefchez en leurs damna-
bles deffeins, & comme ils me per-
fuadoient, eftant au lieu ou toufiours
eftoit parlè du Marefchal de Biron,
& que les reiettons en reuerdiffoient
tous les iours dãs le cœur de ceux qui
eftoient de fes menees, ayant donc
l'oreille des principaux ie ne deuois

negliger vn temps si fauorable, ce
que ie reiettois au commencement
de faire tant pour la peur que i'auois
d'estre suscitee, que par crainte d'estre
esprounee, que pour la foiblesse de
mon naturel la petitesse de ma puissance, voulant plustost retourner aux
champs que demeurer à Paris, ie fus
contrainte sans alleguer à vouloir ce
qui m'estoit persuadé apres les pro-
testations requises & necessaires à telles choses d'importances, ie donne
ma parole inuiolable la mont, i'em-
ploye donc toutes sortes de soing,
i'espie, ie cherche tous les moyens de
plus en plus à descouurir toutes leurs
intentions, afin de seruir les Royalles
Majestez. La premiere action remarquable fut apres le pourparler que fit
le Duc de Sully du Mariage du Duc
de Guise & de la Marquise de Verneul, chez le sieur de Villemontree,
duquel

duquel lieu ledit sieur de Sully estât
sorty, ladite Marquise & sa sœur de
Chantemelle demeurerent à sou-
per & vne fille nommee Villiers &
moy, où alors fut proposee ceste al-
liance d'amitié, estant commencee
auparauant & concluë sept ou huict
mois : Ayant eu ceste cognoissance
si remarquable m'en fit rechercher
d'autres qui furent bien tost apres,
qui fut aux Aduants de Noel, com-
mé la Marquise alloit au sermon du
pere Gontier à Sainct Iean, vne fois
entre les autres où elle alloit, monta
droit au popitre où estoit monsieur
d'Espernon, où alors la Marquise
me fit passer derriere leurs deux cheres de peur qu'ils ne fussent enten-
dus de personnes, & alors conclu-
rent la mort du Roy comme ie l'ay
deposé à Iustice au commencemét
de ma deposition , auquel lieu ils

tindrent tels propos & si abominables que ie les tairay de peur de faire
rougir le papier & faire horreur au
Lecteur : Apres le sermon dit prin-
drent congé l'vn de l'autre, lors me
trouuay fort estonnee , toutesfois
ie m'asseure aussi tost , ie me tins
ioyeuse d'auoir entendu telles per-
fidies & abominables desseins cons-
pirez contre les Majestez, pour leur
en faire le rapport : parquoy ie dou-
te si ie pouuois estre receuë à mon
dire auant de le monstrer par escrit,
& encores que le chemin m'en fust
bien tost ouuert par vne lettre en-
uoyee à la Marquise, de laquelle elle
fut en peine , à cause d'vne femme
magicienne qui fut prinse comme
on luy auoit rapporté , laquelle e-
stant mesme de son pays , ladicte
Marquise m'escrit & me prie en sçauoir toute la verité , & luy mander

ce que ie fais. Quelques iours apres
Noel m'enuoya ce traiſtre parricide
Rauaillac, & m'eſcrit ces mots de
Marcouſſi , Madamoiſelle Deſco-
man ie vous enuoye ceſt homme
par Eſtienne vallet de Chambre de
mon pere, ie vous le recommande,
ayez en ſoing,ie le reçois ſans m'en-
querir qui il eſtoit , & venant de ſa
part ie le reçois , ie luy fais bailler à
manger & à boire, le voyant toute-
fois homme ſort triſte & mal habil-
lé,ie lenuoye prendre logis en ville,
ce qu'il fait chez vn nommé la Ri-
uiere, & vn autre tous confidens de
la Marquiſe , & deſquels elle ſe ſer-
uoit en tel vſage qu'elle les cognoiſ
ſoit propres & experimentez : Vn
iour entre les autres ledit parricide
beuuant & mangeant à mon logis
ie luy demande pourquoy la Marquiſe prenoit tant de ſoing de luy
B ij

veu que ce n'eſtoit ſa couſtume de
ſe ſoucier gueres de perſonne ? Il
me reſpondit alors, qu'il ſollicitoit
les affaires de Monſieur Deſpernon,
& pluſieurs autres particularitez,
Durant donc vn ſi long ſejour qu'il
mangeoit & beuuoit chez moy ie
ne peus deſcouurir ny recognoiſtre
ſon pernicieux deſſein , il faiſoit
touſiours la chattemitte, toutesfois
ſes actions ſuyuantes me font re-
marquer, qui toutesfois n'eſtoient
aſſez fortes pour me faire ſuccer le
ſuc de ſon malheureux deſſein , ce
qu'ignorant pour lors ie luy pro-
mets à boire & manger chez moy
ſept ou huict ſemaines, ie luy laiſſe
vn procez à ſolliciter , au Mardy
gras ie men allay à Verneul où ie
paſſe tout le Careſme, la Cour s'en
alla à Chantily. Apres Paſques ie retourne à Paris , où arriuant Dieu

sçait si i'apprins des nouuelles, ie ne
trouua plus mon solliciteur, dont ie
ne me soucia gueres , ie ne laisse à
solliciter·mes affaires particulieres
d'ans l'ambarassement de celles de
la Marquise. Pasques, Pentecoste
en suyuant ie retourne à Paris où elle me fit conduire plusieurs Messa-
gers dont ie n'estois marrie pour a-
uoir tousiours de plus en plus la cognoissance de leurs conceptions, ie
m'y assujettis, comme mesme à la
Sainct Iean l'annee suyuante leRoy
descouurit les menees de Sedain
confidant de la Marquise , lequel
lors le Roy bannit , elle estant pour
lors à Verneul , & sa sœur de Chantemelle sceut ces nouuelles, m'escrit
comm e à la tresoriere de ses plus
cheres affections, me prie de parler
à luy où il estoit retiré, lieu ou secre t-
tement & commodément les let-

tres vont en Espagne & sans bruict, sçachant donc trop de ses menees pour les taire, ie me côseille, sçauoir si ie serois receuë à declarer telles choses d'importances sans auoir rié par escrit que verballement, l'on me respond que non , Ie m'aduise de l'escrire au Comte de Chambert & à la Damoiselle de Gournay , ie les prie de me donner heure que ie les pourrois voir en leur logis , pour leur dire chose qui estoit d'importance au Roy & à l'Estat: Ils me voulurent preuenir par courtoisie, ils vindrent à mon logis : lors ie leur propose , audict sieur Comte de Chambert & la Damoiselle de Gournay , les grands hazards que couroient les personnes du Roy, de la Royne & Monseigneur le Dauphin, les menees & entreprises qui se traittoit hors & dans Paris , qui en

fin feroit l'entiere reuerfion de l'E-
ftat s'il n'y eftoit bien remedié: alors
me refpondirent pour toutes fatis-
factions, qu'ils ne fe vouloient em-
brouiller, lors i'efcris au fieur de la
Magdaleine, auquel ie fais entendre
tout cecy, lors ne me refpond rien,
tout eft fourd: Alors ie me voy priuee d'y plus remedier ne fçachant à
qui m'addreffer pour faire aduertir
fa Majefté, afin d'empefcher vn fi
pernicieux deffein : Ie me fonge à
part moy-mefme, ce bruict ne peut
eftre fi couuert que quelque bruict
n'en forte , mefme des amours du
Duc de Guyfe & de la Marquife
dont le Roy en ayant ouy le bruict
au mois de Septembre auparauant
les contagions, ainfi que i'ay declaré à juftice, ladicte Marquife vint à
Paris malade pour fe faire purger de
cefte calomnie deuant fa Majefté,

auec pleurs, dont elle fut renuoyee
innocente comme auparauant, lors
elle se tint quoy, & quelque temps
apres m'escrit qu'on luy auoit fait
rapport que ie luy voulois faire vn
mauuais office, toutesfois qu'elle ne
se le pouuoit persuader, dont pour
luy faire perdre ceste mauuaise opi-
nion ie l'allis trouuer, elle m'en con-
iura par plusieurs fois, quoy voyant
ie l'asseure tousiours du contraire,
à fin de ne perdre mon credit,
& paruenir à mon dessein : Lors
ie me mets chez la Damoiselle du
Tillet par importunité, là où i'apris
toutes sortes de nouuelles, & plus
que ie ne voulois sçauoir, & vn iour
d'Ascension en l'anne mil six cens
neuf sortant dudit logis ie rencontre ce dãné Rauaillac, lequel me dit
qu'il venoit du bois Mal-herbes, lequel aIors me declara toutes ses per-
nicieuses

nicieuses intentions & desseins, ce
qu'ayant entendu me defis de luy,
ayant apris son logis ie m'en allis
droict au Louure sans entrer en aucun lieu, & i'allis à l'an Chambre de
la Roine, ie prie l'Huissier de l'anti-
chambre qu'il me fit parler à vne
femme de la Roine, ce qu'il fait, lors
ie luy demande si elle auoit assez de
credit de me faire parler à la Roine,
& que si elle auoit assez de credit
qu'é l'auois chose à lui dire qui im-
portoit aux vies d'elle & de Monseigneur le Dauphin, & que le lendemain ie ferois prendre lettres que
l'on enuoyoit en Espagne, par les-
quelles l'on cognoistroit les seruices
que ie faisois aux Royalles Majestez
& à la France : Ie demeure & me
tiens trois iours, pendant lequel
temps lesdictes lettres allerent en
Espagne, la Royne s'en alla à chaz-

tres, retourna par Anet : Pendant
son voyage me fut enuoyé vne
femme de chapperon, laquelle me
vint trouuer aux Augustins, & me
dit que la Royne me commandoit
que ie ne manquasse à l'aller trouuer
si tost qu'elle seroit de retour de son
voyage, ce que ie fais, où allant ie
rencontris le Roy à l'entrée du Louure, lequel me cognoissoit fort bien
pour m'auoir veuë plusieurs fois,
particulierement chez la Marquise,
à mon malheur retourna prompte-
ment, alla au Cabinet de la Royne à son habillee, ouyt la Messe a-
uec elle, disna auec elle, apres disné
montent en carosse, vont voir la
Royne Marguerite, de la coucher à
Conflan, le lendemain à Fontainebleau, ie demeure tout le iour à la
garderobe a attendre la Royne à sa
commodité dont alors ie me vis

fruſtree de ne pouuoir plus parler à
ſa Majeſté , & les lettres parties ie
m'afflige extrémément , & comme
au deſeſpoir ne ſçachant plus à qui
m'addreſſer voyant tant de monde
entaché du mal, que par mon ſoing
ie voulois empeſcher : Lors i'eſcris
encore à vne femme de la Royne à
Fontainebleau, ſçauoir ſi ie pourrois là plus commodément parler
au Roy ou à la Royne, voyant que
le mal preſſoit en attendât ma commodité d'aller à Fontainebleau dôt
i'eus reſponſe à la Pentecoſte, à la
Feſte Dieu enſuyuant ie rencontre
ce traiſtre Rauaillac, lequel s'en vint
droiĉt à moy auec pleurs, me pria,
me conjura de ne rapporter ny dire
ſon mal heureux & damnable deſ-
deſſein qu'il m'auoit declaré, me di-
ſant qu'il s'en repentoit qu'il n'iſon-
geroit iamais, à quoy ie ne voulus

adjouſter foy ny aſſeurance a ſes
propos pour telles choſes d'importances, & ayant ſi peu de ſeureté
d'vn tel homme: lors ie me reſolus
d'aller aux Ieſuites où ie demande à
parler au pere Coton, l'on me fait
reſponſe qu'il eſtoit à la ville, &
qu'il s'en alloit le lendemain à Fontainebleau, vn appellé pere Procureur me dit qu'il ne viendroit que
bien tard, & qu'il partiroit de grand
matin, que ie ne pourrois parler à
luy, mais ſi c'eſtoit choſe qu'il luy
peuſt dire qu'il luy en feroit fidelle
rapport, ie retourne le lendemain
matin, ledit pere Procureur me reſ-
pond que ledit pere Coton eſtoit
party: lors ie fus contrainct e luy declarer tout, ie le conjure d'en aduertir le pere Coton pour en aduertir le
Roy, ou la Royne, quand il m'eut
entendu & ſceut tout, me reſpondit

qu'il feroit ce que Dieu luy conseil-
leroit, & que i'allasse en paix, & que
ie priasse Dieu. Ie luy respons qu'il
ne falloit aussi laisser tuer le Roy, &
que ie le chargeois & m'en deschar-
geois sur luy, & que ie n'estois folle,
& que s'il y manquoit ie l'accuse-
rois, lors il me dit que ce n'estoit à
moy à me mesler de telles affaires,
& que l'on m'accuseroit estre de la
partie, à quoy ie luy respondis qu'il
en estoit chargé, & que s'il y manquoit à le dire au pere Coton que
i'esperois bien tost aller à Fontainebleau, & que i'en aduertirois les Majestez: alors me promit aller à Fontainebleau, & cependant si ie sçauois quelque chose de particulier
que ie l'allasse trouuer, ce que ie luy
promis; Cependant ie m'en allay
pensant qu'il en aduertit le pere Coton, & esperant faire mon voyage

de Fontainebleau quelques iours a-
pres ie fus arreſtee priſonniere pour
mes affaires particulieres ne pouuât
ſçauoir qui m'auoit preſté ceſte cha-
rité, qui fut vn grand malheur, &
comme au deſeſpoir me voyant
priuee de ne pouuoir plus ſeruir
leurs Royalles Majeſtez ie me reſolus de le declarer à tout le monde en
la priſon, eſperant que par ce moyé
leurs Majeſtez en fuſſent aduerties,
meſme i'en parlay à vn Apotiquai-
re de la Royne, afin qu'il en fiſt ſon
deuoir pour empeſcher ceſt odieux
& damnable meſſaict, cependant il
s'en eſt enſuyuy, à mon grand re-
gret, dont ie prie Dieu qu'il luy plai-
ſe mettre au cœur des vrais François
en demander iuſtice en eſtre faicte,
les complices & autheurs de ce parricide ſoient prins & deſcouuers, ie

le prie toute ma vie en ce lieu où ie
fui⟨ ⟩iſerable & conſtante reſoluë
po⟨ ⟩verité.

F I N.